AF460331

LE JEU DE L'AMOUR

ET DE

LA CRAVACHE

VAUDEVILLE EN UN ACTE

PAR

MM. ANICET, ALPHONSE ROYER ET CHARLES NARREY;

Représenté pour la première fois, à Paris, sur le théâtre de la Montansier, le 28 mai 1850.

DISTRIBUTION DE LA PIÈCE.

ALCINDOR, écuyer du cirque de la Villette. . . . . . MM. LEVASSOR.
CHARLEMAGNE, boucher. . . . . LHÉRITIER.
FICHOT, propriétaire de bateaux sur le canal. . . . . AMANT.
ARSÈNE, blanchisseuse . . . . Melles SCRIVANECK.
ROSE, femme de Charlemagne. . . . . DURAND.
BLANCHISSEUSES.

La scène est chez Arsène, sur les bords du canal de la Villette.

LE JEU DE L'AMOUR ET DE LA CRAVACHE.

Une chambre simplement meublée servant d'atelier de blanchisseuse. — A droite et à gauche, sur le premier plan, une porte. — Sur le troisième plan, à droite et à gauche, une fenêtre. — Porte au fond.

SCÈNE PREMIÈRE.

ARSÈNE, BLANCHISSEUSES.

Au lever du rideau Arsène repasse, au milieu du théâtre, et les blanchisseuses, le battoir à la main, sont occupées à laver du linge dans de petits baquets, à droite et à gauche de la porte du fond.

AIR *nouveau* de M. Toussaint.

CHOEUR.

Pan, pan, pan, pan, pan, pan.
Ma gentille blanchisseuse,
Pan, pan, pan, pan, pan, pan,
Jamais ne sois paresseuse.
Pan, pan, pan, pan, pan, pan,
S'il survient quelque galant,
Pan, pan, pan, pan, pan, pan,
Sois sage et toujours tapant.
Pan, pan, pan, pan, pan, pan.

ARSÈNE, *seule*.

PREMIER COUPLET.

Dès qu'au ciel le soleil brille,
Je me mire en mon lavoir;
D'un jupon blanc je m'habille,
Et je chante jusqu'au soir.
Le travail est une fête
Pour qui travaille en chantant
Notre refrain si pimpant,
Que chacun ici répète. (*Bis.*)
Pan, pan, pan, etc.

REPRISE DU CHOEUR.

DEUXIÈME COUPLET.

J'entends la plaisanterie,
J'aime assez le mot galant,

Je n'ai pas de pruderie,
J'accepte même un présent.
Mais ça pèse moins d'une once,
Lorsqu'un monsieur, par hasard,
Veut se permettre un écart :
Et voilà ma seule réponse. (*Bis.*)

(*Elle fait signe de donner un soufflet.*)

Pan, pan, pan, etc.

REPRISE DU CHOEUR.

SCÈNE II.

LES MÊMES, ROSE, *entrant.*

ROSE. *

Bonjour, Arsène.

ARSÈNE.

Bonjour, ma petite Rose... C'est bien aimable à toi d'avoir fait pour moi le voyage de la Villette... Mesdemoiselles, portez ce linge dans la boutique, j'en vérifierai le compte plus tard.

REPRISE DU CHOEUR.

(*Les blanchisseuses sortent.*)

SCÈNE III.

ARSÈNE, ROSE. **

ARSÈNE.

Toujours fraîche et jolie; le mariage te profite.

ROSE.

Pas tant que tu crois, je viens au contraire verser dans ton sein le récit de mes infortunes.

ARSÈNE.

Déjà des infortunes !... après un mois d'établissement... Et moi qui songeais à t'imiter. Est-ce que ton mari aurait découché? est-ce qu'il ne remplirait pas scrupuleusement ses devoirs.... de garde national? Est-ce qu'il se livrerait trop au petit bleu, mais parle donc !

ROSE.

M. Charlemagne, malgré son état carnassier...

ARSÈNE.

Ah ! oui... un boucher...

ROSE.

Est doux comme un agneau, aimable, prévenant... mais...

ARSÈNE.

Je devine, il ne t'aime pas assez...

* Arsène, Rose.
** Arsène, Rose.

ROSE.

Je ne m'en plains pas... seulement, sous prétexte que nous sommes mariés... il me confine dans mon comptoir, et me sèvre de toute espèce de divertissements... Ça n'était pas comme ça quand il me faisait la cour ! Je passe les soirées les plus assommantes... avec mon mari... il me fait jouer à l'oie... ma chère...

ARSÈNE.

Comme c'est primitif!

ROSE.

Tiens ! hier, tu m'avais donné des billets pour aller voir travailler ton prétendu, M. Alcindor, premier écuyer au cirque de la Villette.

ARSÈNE.

C'est vrai, tu n'es pas venue...

ROSE.

M. Charlemagne n'a pas voulu s'imposer de douze sous d'omnibus.

ARSÈNE.

Oh! que c'est petit! Tu as bien perdu... tu aurais vu voltiger mon Alcindor. Ah ! il a été grand... comme l'affiche. Toutes les lorgnettes étaient braquées sur lui... quel feu !.. quels muscles! Et le grand écart... ma chère! c'était sublime... Aussi, il a été rappelé... écrasé sous les fleurs lui et ses chevaux... deux gris pommelés... tu as pu les voir sur mes fenêtres.

ROSE.

Ses chevaux?

ARSÈNE.

Non, ses fleurs.

ROSE.

Il te les a données ?

ARSÈNE.

Il n'a rien à lui.

ROSE.

Es-tu heureuse!...

ARSÈNE.

Je crois bien! vois ces boucles d'oreilles! Alcindor. Cette jolie robe de barège que j'avais hier... Alcindor. Ce tablier... Alcindor.

ROSE.

Ce n'est pas M. Charlemagne qui se conduirait ainsi!... Pourtant je me suis laissé dire que ton Alcindor... te faisait...

ARSÈNE.

Des traits!... Saperlotte! si je le savais!

ROSE.

Non... mais des scènes, et il paraît que vos querelles ne se passent pas toujours en conversation...

ARSÈNE.

Je dois convenir que le dialogue est quelquefois remplacé par une pantomime... expressive.

ROSE.

C'est donc vrai, tu le bats?

ARSÈNE.

Moi, battre un homme, fi donc!

ROSE.

Mais alors, c'est donc lui?

ARSÈNE.

Tu sais le proverbe... qui aime bien... et mon Alcindor m'idolâtre.

ROSE.

AIR du *Parnasse des dames.*

D'horreur je suis toute saisie.

ARSÈNE.

Ainsi que toi, le premier jour,
De colèr' j'étais cramoisie;
Mais on pardonn' tout à l'amour.
Puis il sembl' qu'une ardeur nouvelle
Naisse de chaque emportement;
Et plus est forte la querelle,
Plus est doux l' raccommodement.

Puis, Alcindor fait ces choses-là comme il fait tout... délicatement! gracieusement!

ROSE.

Ah! tu trouves ça gracieux.

ARSÈNE.

Oh! mais ne va pas te figurer qu'il se passe ici des choses... de mauvais goût; Mon Alcindor ne manquerait jamais à une femme d'une manière inconvenante : même dans ses plus aveugles transports de jalousie, il ne m'a jamais touchée que...

ROSE.

Que...

ARSÈNE.

Tu as remarqué souvent cette jolie cravache si fine, si légère, si élégante qui ne le quitte jamais.

ROSE.

Comment, c'est avec cela qu'il te fait la cour.

ARSÈNE.

Pauvre Alcindor! quand cela arrive... c'est bien malgré lui... Oui, si le fait y est quelquefois... l'intention n'y est jamais. Donc quand par hasard sa jolie petite cravache a touché un de mes meubles ou frôlé les plis de ma robe... alors, ma chère, alors... il te ferait pitié.

ROSE.

Plus souvent.

ARSÈNE.

Pourrais-tu lui tenir rigueur en le voyant lui, si beau, si fier... se rouler à tes pieds comme le ferait le plus simple barbet, en le voyant lui, un homme, pleurer comme une jeune première de la banlieue? Non... tu te laisserais attendrir... tu lui pardonnerais comme je lui pardonne... D'ailleurs, il rachète si galamment sa faute, il aurait des millions dans ces moments-là, qu'il les mettrait dans mes bottines.

ROSE.

En vérité?

ARSÈNE.

Tiens, pour mériter sa grâce, il me disait le mois dernier : Veux-tu mon sang, veux-tu ma vie... Je me suis contentée d'un col en application. Si ton mari te refuse tout, c'est que le calme plat règne dans votre ménage, mais s'il avait un tort à se faire pardonner... ton bœuf de Charlemagne se transformerait en fleuve d'or. La preuve... c'est qu'Alcindor est au mieux avec moi dans ce moment-ci. Hier, en me promenant avec lui. . j'ai remarqué un petit châle à palmes... je le lui ai demandé... eh bien, il m'a répondu très-galamment sur un air connu...

ROSE.

Il t'a refusé!...

ARSÈNE.

Oui, en musique. Si nous avions été en brouille, au contraire, pour avoir la paix à tout prix, il aurait mis ses chevaux au mont-de-piété.

ROSE.

Si j'étais bien sûre de ça.

ARSÈNE.

Tu en essaierais.

ALCINDOR, *au dehors.*

Tournez bride, ou je fais une charge à fond de train.

ARSÈNE.

C'est mon Alcindor.

ROSE.

Je me sauve! depuis ce que tu m'as dit de lui, il me fait peur. (*Elle veut sortir par le fond.*) *

ARSÈNE.

Prends garde... tu vas te jeter dans ses bras.

ROSE.

J'entre dans ta chambre, alors... j'ai apporté mon ouvrage, je travaillerai jusqu'à ce qu'il soit parti. (*Elle sort par la gauche.*)

* Rose, Arsène.

SCÈNE IV.

ARSÈNE, ALCINDOR, ROSE, *cachée.* *

ALCINDOR, *il entre en se balançant, la cravache sous le bras, et vient se poser sur l'avant-scène, saluant le public, comme un écuyer dans le cirque.*

AIR *nouveau* de M. Hervé.

Eh houp ! un homme de cheval
Sur terre n'a pas son égal ;
Quand il est sur son animal,
On dirait un prince royal.
Ecuyer colossal,
A son char triomphal
Il attèl' tout rival.
Eh houp ! eh houp ! vois donc, chère amie,
Eh houp ! eh houp ! cet air martial.
Eh houp ! eh houp ! quelle belle vie !
Eh houp ! eh houp ! quel sort idéal !
C'est dans la voltige
Que, par maint prodige,
Semant le vertige,
J'étonne les yeux !
Mon collant dessine
Ma jambe assassine ;
Tout, en moi, fascine
Et rend amoureux.
Plus d'une soupirante,
Pour fixer mon regard,
Feint d'être chancelante.
Quand vient mon grand écart.
C'est trop d'émotion !... Comme elle se lamente !...
Et sautant de cheval, je la trouve expirante !...

Oh ! revenez à vous, mon impératrice !... Ah ! monsieur, ça ne sera rien !... Votre grand écart... j'ai eu peur ! Je prends sa main, je prends... son numéro... Le lendemain, je frappe à sa porte ; elle vient m'ouvrir, et... et...

Eh houp ! un homme de cheval, etc.

Charmante blanchisseuse, avez-vous des fers au feu ?

ARSÈNE.

Pourquoi ?

ALCINDOR.

Vous allez me repasser sur toutes les coutures, je suis en-

* Alcindor, Arsène.

core humide, je viens de changer... mais, je suis moite, je suis très-moite!

ARSÈNE.

Ah! c'est vrai! d'où sortez-vous donc?

ALCINDOR.

Du canal Saint-Martin, qui m'a reçu paternellement dans le plus profond de son sein. Je quittais mon cirque où j'avais répété mon grand écart... vous savez ce morceau mirobolant... que j'enlève si bien... houp! quatre chevaux dans les mains, deux dans les jambes.

ARSÈNE.

Je sais.

ALCINDOR.

C'est avec ça que je fis votre conquête. (*A part.*) Et celle de bien d'autres. (*Haut.*) Donc, je cheminais à pied vers votre demeure, ô mon idole! tout à coup je tombe au milieu d'un groupe de jeunes frrrançais en casquette de loutre, qui me reconnaissent et qui s'écrient avec un enthousiasme mêlé d'admiration : C'est lui! c'est le grand Alcindor, dit Fleur-d'Amour, vive Alcindor! faut le porter en triomphe! Citoyens, que je réponds... citoyens, je vous porte tous dans mon cœur, mais ce n'est pas une raison pour me porter sur vos épaules. Ah bien, oui... raisonnez donc avec le délire de la popularité. Je me cabre en vain pour leur échapper... ils m'enlèvent. D'épaules en épaules, de relais en relais, j'arrive sur les bords du canal... je ne sais ce que pensaient les poissons. mais les pêcheurs se découvraient sur mon passage... Bientôt je sens que je change de monture, je jette un regard sur mon porteur... côté du remontoir, je reconnais, qui? un romain de l'hippodrome... horreur! trahison! Flambant de colère... je lève ma cravache sur ce suppôt de la concurrence... se voyant démasqué, le gredin fait un saut de côté et me flanque dans le canal.

ARSÈNE.

Oh!

ALCINDOR.

AIR de l'*Aritste.*

Une, deux, j' fais ma coupe
Et je gagne le bord.
De mes amis la troupe
M' laisse ici, franc de port.
Auprès de vous j'oublie
Les maux que j'ai soufferts.
Votre esclav', chère amie,
Vous demande des fers.
Vite, amante chérie,
Faites chauffer vos fers.

Repassez-moi, Arsène, repassez-moi comme six douzaines de faux cols.

ARSÈNE.

Voulez-vous que je vous mette dans le séchoir?

ALCINDOR.

Merci! j'en sortirais à l'état de pomme cuite au four, et puis vous ne me tiendriez pas compagnie là-dedans. Non! j'aime mieux vos fers, ma belle Arsène, couvrez-moi de vos fers.

ARSÈNE, *le repassant.*

Ah ! ça, mais dites-donc, il y a bien longtemps que vous les portez, mes fers... mon petit Alcindor, quand allons-nous chez M. le maire ?

ALCINDOR.

Fichtre ! ça brûle.

ARSÈNE.

Hein ?

ALCINDOR.

Vous chauffez trop, Arsène... vous chauffez trop.

ARSÈNE.

Quand irons-nous ?

ALCINDOR.

Chez qui ?

ARSÈNE.

Chez le maire.

ALCINDOR.

Moi? je n'ai rien à dire à ce magistrat municipal ; d'abord c'est un cuistre... un cancre. Il a refusé de payer sa loge à ma dernière représentation à bénéfice.

ARSÈNE.

Mais...

ALCINDOR.

Ne me parlez plus de ce drôle-là ! Je ne mettrai jamais les pieds chez lui...

ARSÈNE.

Mais il faut pourtant qu'il nous marie.

ALCINDOR.

Être marié par lui ! plus souvent !... J'aimerais mieux mourir garçon à cent vingt ans.

ARSÈNE.

Monsieur Alcindor, je respecte vos opinions politiques, nous nous ferons marier par l'adjoint.

ALCINDOR.

L'adjoint! pour qui me prenez-vous? Pour consacrer l'union du célèbre Alcindor ce n'est pas trop du maire lui-même... Mais comme le maire actuel me déplaît, nous attendrons les nouvelles élections municipales, dans quatre ou cinq ans... Si le maire me convient alors... eh bien, nous verrons.

ARSÈNE.

Dans quatre ou cinq ans! M. Alcindor, je vous préviens que

je n'attendrai pas si longtemqs que ça. En fait de maris je n'ai, Dieu merci, que l'embarras du choix.

ALCINDOR.

Allez-vous encore me parler de votre propriétaire M. Fichot... Si je le rencontre jamais ici je le coupe en deux. (*Il fait siffler sa cravache.*)

ARSÈNE, *à part.*

Voilà le moment... Rose écoute... Essayons... (*Avec intention.*) Ah! ce n'est pas M. Fichot qui me remettrait aux *quarante grecs*, ce n'est pas lui qui me refuserait un simple petit châle carré.

ALCINDOR.

Permettez, Arsène, il est très-vilain ce châle... comme le propriétaire, et puis très cher.

ARSÈNE.

Oh! quarante-huit cinquante.

ALCINDOR.

Fichtre! Quatre jours de triomphe!

ARSÈNE.

Vous triomphez si souvent...

ALCINDOR.

Flatteuse! (*Avec une feinte colère.*) Ne me parlez plus de ce misérable propriétaire qui a obtenu contre vous un jugement, sous le prétexte frivole que vous lui devez cinq termes; vous ne devriez recevoir cet homme-là que le battoir en main.

ARSÈNE.

S'il soupçonnait que j'ai envie de ce châle... Il m'offrait bien autre chose dans la lettre qu'il m'a écrite.

ALCINDOR.

Une lettre! il vous a écrit autrement que par ministère d'huissier... je veux voir cette lettre.

ARSÈNE.

A quel titre voulez-vous voir, Monsieur? Quand vous serez mon mari, je n'aurai rien de caché pour vous, mais jusque-là je ne montre rien.

ALCINDOR.

Arsène, vous savez que lorsque Alcindor est jaloux, auprès de lui, le tigre du Bengale n'est qu'un mouton... Je veux voir cette lettre.

ARSÈNE.

Vous ne la verrez pas.

ALCINDOR.

Je la verrai.

ARSÈNE.

Non.

ALCINDOR.

Si.

ARSÈNE.

Non.

ALCINDOR.

Arsène! l'avoine me monte au cerveau... (*Il imite le hennissement d'un cheval.*) Arsène! je saute! (*Même jeu.*) je piaffe! (*Même jeu.*) Arsène! ne me faites pasprendre le mors aux dents. (*Il fait siffler sa cravache.*)

ARSÈNE.

M. Alcindor, vous allez prendre la porte... et tout de suite; ce n'est pas M. Fichot qui lèverait la cravache sur une faible femme!

ALCINDOR.

Encore ce Fichot! mais s'il était là je le cravacherais; je l'écartellerais, je le tuerais... Oui... je vous tuerais tous les deux... v'li... v'lan! (*Il fait tourner sa cravache et frappe la chaise de gauche derrière laquelle Arsène s'est retranchée.*)

ARSÈNE, *reprenant sa première place et feignant d'avoir été battue.*

Oh! oh! le monstre.

ALCINDOR.

Hein! est-ce que j'ai touché?

AIR : *Place charmante.* (Ne touchez pas à la reine.)

ENSEMBLE.

ALCINDOR.

Ma jalousie
M'égare encor.
C'est d' la folie
D' taper si fort;
Battre c'te p'tite,
Vilain jaloux!
A genoux bien vite!
Brutal, à genoux!

ARSÈNE, *souriant sans qu'Alcindor la voie sourire.*

Sa jalousie
L'égare encor,
Et sa folie
L' met dans son tort.
Vite, bien vite!
Vilain jaloux!
Allons, tout d' suite!
Brutal, à genoux!

(*Eclatant.*) Sortez d'ici, monstre, anthropophage, et ne reparaissez jamais dans ma banlieue.

ALCINDOR, *câlinant.*

Arsène... ma petite Arsène.

ARSÈNE.

Me battre! chez moi! devant mes ouvrières qui sont sorties, mais qui auraient pu être là!

ALCINDOR.

Je suis un malheureux!.. un sauvage!

ARSÈNE.

Sortez...

ALCINDOR.

Oui... je sors.

ARSÈNE.

Et ne revenez jamais. (*Elle s'assied à droite, et sourit à part.*)

ALCINDOR.

Je te le promets, mon adorée, je ne reviendrai pas sans ton petit châle.

ARSÈNE, *portant son mouchoir à ses yeux.*

Je ne veux plus rien de vous...

ALCINDOR.

Elle pleure, scélérat... C'est toi qui l'as fait pleurer..: Arsène.. c'est trente-huit cinquante, n'est-ce pas?

ARSÈNE, *sanglotant.*

Non, Monsieur, cinquante-huit cinquante.

ALCINDOR.

C'est convenu. Je pars, je ne m'arrêterai qu'au magasin de nouveautés qui est rue... rue...

ARSÈNE.

Faubourg Saint-Martin, 103...

ALCINDOR.

103...

ARSÈNE.

Bis...

ALCINDOR, *en sortant.*

Bis... J'y cours, bibiche!

SCÈNE V.

ARSÈNE, ROSE. *

ROSE, *paraissant à la porte de gauche.*

Est-il parti, le scélérat?

ARSÈNE.

Oui.

ROSE.

T'a-t-il fait bien mal?

ARSÈNE.

Lui? il ne m'a touchée... que par son repentir!

ROSE.

Pourtant! je t'ai entendue...

* Rose, Arsène.

ARSÈNE.

Le pauvre garçon! dans un beau transport jaloux... il a un peu maltraité cette chaise, voilà tout!... Mais, après la brouille, le raccommodement... Ce châle, qu'il me refusait hier, il va me l'apporter tout à l'heure, et il me suppliera de l'accepter.

ROSE.

En vérité?... J'ai bien envie d'essayer de me brouiller un peu avec M. Charlemagne, qui me refuse toujours tout et qui ne m'offre jamais rien.

ARSÈNE.

Tu t'en trouveras bien, je t'en réponds.

ROSE.

Tu crois? Je n'arriverai peut-être jamais à le fâcher... Il est si calme, si bon enfant...

ARSÈNE.

Ce n'est donc pas un homme?

ROSE.

Oh! si, ma chère! il arrête un bœuf par les cornes! mais je ne l'ai jamais vu en colère.

ARSÈNE.

C'est drôle, un boucher... Bah! essaie toujours. Voyons! qu'est-ce que tu pourrais bien faire pour le contrarier?

ROSE.

Dam! je ne sais pas.

ARSÈNE.

J'ai bien une idée, moi... mais ça serait trop fort... Cherche donc... il doit t'avoir défendu quelque chose?

ROSE.

Non! ah! si! il m'a défendu d'aller chez ma tante Balandard... Si j'y allais?

ARSÈNE.

C'est trop naïf.

ROSE.

C'est qu'il y a chez ma tante un petit cousin qui... me plaisait assez et qui déplaît beaucoup à Charlemagne.

ARSÈNE.

Voilà ton affaire. Vite en route pour le domicile de la tante Balandard.

ROSE.

C'est cela.

ARSÈNE.

Si je vois ton mari avant toi...

ROSE.

Tu lui parleras de ma visite.

ARSÈNE.

Et du petit cousin.

ROSE.

Il sera très-vexé.

ARSÈNE.

C'est ce qu'il faut.

ROSE, *faisant un pas.*

J'y vais!... (*Revenant.*) Mais s'il allait l'être trop.

ARSÈNE.

Quoi?

ROSE.

Vexé.

ARSÈNE.

Bah! bah! est-ce qu'il faut avoir peur des hommes!

ENSEMBLE.

AIR de *Zanetta.*

Pour qu'il se mette en colère
Il faut beaucoup d' chos's, dis-tu,
C' n'est donc pas un mal, ma chère.
Qu'il s' croie un moment... perdu.

ROSE.

Je veux le mettre en colère,
Et pour ça, c'est convenu,
J' suis décidée à tout faire,
Sans compromettr' ma vertu.(*Elle sort.*)

SCÈNE VI.

ARSÈNE, *puis* FICHOT. *

ARSÈNE, *seule.*

Cette pauvre Rose, j'espère qu'elle se trouvera bien de mon conseil.

FICHOT, *entrant.*

Salut à la reine des blanchisseuses!

ARSÈNE.

Salut au roi des propriétaires.

FICHOT.

J'ai à vous entretenir d'affaires, Mademoiselle.

ARSÈNE.

D'affaires! ah! que c'est monotone.

FICHOT.

Aimez-vous mieux que je vous parle de mon amour?

ARSÈNE.

Ça serait plus drôle.

FICHOT.

Drôle! l'expression me semble impropre... enfin, n'importe... vous voyez en moi un homme à deux visages... d'un

* Arsène, Fichot.

côté le propriétaire décoré de ses cinq quittances non soldées... de l'autre... l'amoureux... Je vais me révéler d'abord sous mon aspect légal : voici vos cinq quittances... je vous somme de me payer au moins un terme.

ARSÈNE.

Voilà un compliment bien tourné... donnez-vous donc la peine de vous asseoir... (*Elle lui présente une chaise et, au moment où il va s'asseoir, elle prend la place.*) Comment, Monsieur Fichot! vous oseriez me contraindre...

FICHOT.

Oui... et... par corps! par corps... à moins que vous n'y mettiez de la bonne volonté...

ARSÈNE, *avec coquetterie.*

De la bonne volonté...

FICHOT.

Payez-moi seulement deux termes...

ARSÈNE.

Vous en parlez à votre aise... et de la monnaie?...

FICHOT, *à part.*

Son œil me fascine! (*Haut.*) Eh bien! tenez! payez-moi seulement... trois termes... et je vous donne quinze jours.

ARSÈNE.

Vous êtes un homme charmant!

FICHOT.

N'est-ce pas? près de vous je me transforme... le propriétaire a disparu, l'amoureux seul est resté. Arsène, belle Arsène, tenez, pour vous je suis capable de tout... je vous remets l'une de vos cinq quittances... avec le reçu.

ARSÈNE.

Monsieur, je ne souffrirai pas.

FICHOT.

Laissez-moi seulement cueillir un baiser.

ARSÈNE, *prenant le papier et s'échappant.*

Miséricorde! si Alcindor vous voyait! *

FICHOT.

Votre saltimbanque? je m'en fiche pas mal! Tenez... acceptez comme à compte sur notre contrat de mariage la quittance d'un second terme.

ARSÈNE, *prenant vivement la quittance et le repoussant.*

Monsieur Fichot! je crois qu'on monte.

FICHOT, *tombant aux genoux d'Arsène.* **

Ça m'est égal, je ne vois, je n'entends plus que toi, ô Arsène! Confondus sous la même enveloppe, l'amant et le propriétaire sont à tes genoux... blanchisseuse adorée ; plante là

* Fichot, Arsène.

** Arsène, Fichot.

ton sauteur de tremplin et viens habiter le palais que je t'offre sur le canal Saint-Martin.

SCÈNE VII.

LES MÊMES, ALCINDOR. *

ALCINDOR, *en entrant jette sur une chaise un petit paquet qu'il tenait sous le bras.*

Ah! ah!

FICHOT, *à part.*

L'histrion et sa cravache...

ALCINDOR, *le prenant à la gorge.*

A nous deux, propriétaire.

FICHOT.

A nous trois ! Mademoiselle, venez témoigner de mon innocence...

ARSÈNE.

Alcindor, je vous jure que...

ALCINDOR.

Ah ! tu me traites de sauteur... c'est toi qui vas sauter. Hop là ! (*Il fait siffler sa cravache, Fichot saute pour éviter le coup.*)

FICHOT.

Oh !

ALCINDOR.

Ah! je te trouve aux genoux de ma prétendue. (*Même jeu.*)

FICHOT.

Je leur rendais hommage.

ALCINDOR, *même jeu.*

Hop là !.. Ah ! tu lui offres des palais sur le canal Saint-Martin. Hop là ! (*Même jeu.*)

FICHOT.

Oh !

ALCINDOR.

Tu as bien fait de parler du canal Saint-Martin; sais-tu nager ?...

FICHOT.

Où tend cette question ?

ALCINDOR.

Elle tend vers le bassin qui gît sous cette fenêtre. (*Il le mène du côté de la fenêtre.*)

FICHOT.

Vous voulez ?...

ALCINDOR.

T'y faire piquer une tête.

FICHOT.

Du premier étage, et avec mon habit neuf...

* Arsène, Alcindor, Fichot.

ALCINDOR.

Aimes-tu mieux l'autre fenêtre ? *

FICHOT.

Non!... Elle donne sur le pavé... je préfère .. la porte.

ALCINDOR.

C'est à moi de choisir.

FICHOT.

Laissez-moi au moins me déshabiller...

ALCINDOR.

Devant une demoiselle... par exemple.**

ENSEMBLE.

Air : *Je n'ai pas la main morte.* (J'attends un omnibus.)

ALCINDOR.

Saute par la fenêtre;
Si tu tiens à ta peau,
Garde-toi de r'paraître
Autrement que sur l'eau.
Non (4 *fois*), faut qu'il tâte aussi d' l'eau.

FICHOT.

Sauter par la fenêtre!
Ah! je risque ma peau!
Dieu ! fais-moi reparaître
Sans encombre sur l'eau.
Non (4 *fois*), je n' veux pas tâter d' l'eau.

ARSÈNE.

Sortir par la fenêtre,
Le système est nouveau.
Dieu ! fais-le reparaître
Sans encombre sur l'eau.
Non (4 *fois*), ne l' jetez pas à l'eau.

(*Alcindor jette Fichot par la fenêtre.*)

SCÈNE VIII.

ARSÈNE, ALCINDOR. *puis* CHARLEMAGNE. ***

ARSÈNE.

Ah ! mon Dieu ! s'il allait se noyer !

* Arsène, Fichot, Alcindor.
** Arsène, Alcindor, Fichot.
*** Arsène, Alcindor.

ALCINDOR.

Du tout... il nage comme un canard.

ARSÈNE.

C'est vrai! il remonte sur la berge... Ah! comme il est mouillé.

ALCINDOR, *gravement.*

L'eau produit toujours cet effet-là... (*Il ferme la fenêtre.*) N'y pensons plus...il en sera quitte pour changer de caleçon et de conduite... Je suis sûr que ce vieux triton vous offrait une contrefaçon du petitchâle à palmes... mais voici l'original... et c'est votre Alcindor qui veut vous en orner lui-même.

ARSÈNE.

O amour d'homme! je veux le mettre tout de suite pour aller reporter mon linge. (*Elle embrasse Alcindor.*)

ALCINDOR, *à Charlemagne qui entre en scène.*

Bonjour, boucher. *

CHARLEMAGNE.

Bonjour, centaure...

ARSÈNE.

Monsieur Charlemagne...

CHARLEMAGNE.

Mademoiselle...

ARSÈNE.

Au revoir, bichon... Tu sais que nous dinons chez Passoir... et tu me mènes ce soir aux Funambules.

AIR : *Pour vous revoir, j'ai voyagé.* (La Dame de trèfle.)

Gard' la maison et le comptoir ;
Pour un instant, moi, je te quitte ;
Attends ici, je r'viens bien vite ;
Jamais adieu ! mais au revoir !

(*Arsène sort.*)

ALCINDOR.

J' gard' la maison et le comptoir ;
Avec regret Cindor te quitte ;
J'attends ici, reviens bien vite!
Jamais adieu! mais au revoir!

CHARLEMAGNE.

Gard' la maison et le comptoir,
Pour un instant elle te quitte ;
Mamsell', si vous r'venez bien vite,
J'aurai l'espoir de vous revoir !

* Charlemagne, Arsène, Alcindor.

SCÈNE IX.

ALCINDOR, CHARLEMAGNE.*

ALCINDOR.

Cette petite femme-là vaut son pesant d'or...

CHARLEMAGNE.

Heu ! que ne puis-je en dire autant de la mienne.

ALCINDOR.

Tu as à t'en plaindre ?

CHARLEMAGNE.

J'ai été volé comme à Poissy.

ALCINDOR.

Comment, madame Charlemagne ?

CHARLEMAGNE.

Ce n'est pas qu'il y ait à jaser sur son compte au moins... le premier qui s'aviserait... je ne suis pas méchant, mais je suis très-fort... je le pousserais un peu contre un mur et j'en ferais du parchemin.

ALCINDOR.

Que lui reproches-tu donc, à ta femme?

CHARLEMAGNE.

Voilà... C'est difficile à dire, parce que d'abord... je ne suis pas orateur... enfin suffit...

ALCINDOR.

C'est très-clair... Mais ça aurait peut-être besoin d'explication...

CHARLEMAGNE.

Voilà... j'épouse une petite femme carrée par la base... amplement fournie de tout ce qui fait le charme d'une épouse... je me dis : Voilà une gaillarde qui figurera dans mon comptoir... et qui m'aidera à détailler mes moutons... ah ! ouiche !... elle ne peut pas seulement lever cent cinquante kilos à bras tendu.. .Ça lit des romans, ça a des vapeurs, des *nerrrfs* et pas de muscles... il lui faut des robes pure soie... des chapeaux à plumes... des bals, des spectacles... Total... je suis malheureux comme un bœuf gras, et pour un rien je m'assommerais...

ALCINDOR.

Allons donc, est-ce qu'il faut se désespérer comme ça?

CHARLEMAGNE.

Est-ce que je peux changer le caractère de ma femme?

ALCINDOR.

Très-bien.

CHARLEMAGNE.

Comment ?

ALCINDOR.

J'ai un moyen...

CHARLEMAGNE.

A ma portée?

ALCINDOR.

Oui.

CHARLEMAGNE.

C'est que je suis très-fort... vois-tu, mais en fait d'idées... j'ai besoin qu'on m'en donne...

ALCINDOR.

Suis mon raisonnement.

CHARLEMAGNE.

Je tâcherai.

ALCINDOR.

Le cœur de la femme, vois-tu, c'est un rébus... qu'il faut étudier pour le comprendre.

CHARLEMAGNE.

Je t'arrête là... Je n'ai jamais pu comprendre un rébus.

ALCINDOE.

Lorsque tu as acheté un bœuf et que l'animal veut aller à droite... quand tu veux le faire marcher à gauche, quel procédé emploies-tu à son égard?

CHARLEMAGNE.

Je lui allonge un coup de trique, voilà! quelquefois plus... jamais moins.

ALCINDOR.

Eh bien?

CHARLEMAGNE.

Eh bien?

ALCINDOR.

Tu ne comprends pas?

CHARLEMAGNE.

Pas encore.

ALCINDOR.

Ça va venir... Suppose maintenant une femme charmante... au lieu de ton bétail.

CHARLEMAGNE.

Oui.

ALCINDOR.

Suppose, au lieu de la trique, un instrument de société, délicat, léger... flexible, comme ceci, par exemple. (*Il fait siffler sa cravache.*)

CHARLEMAGNE, *enthousiasmé.*

Ah! oui, je comprends! (*Il rit.*) Ah! ah! ah!

ALCINDOR.

Même air qu'à la première scène.

Pan, pan, pan, pan, pan, pan,
Comme dit ma blanchisseuse,
Pan, pan, pan, pan, pan, pan,
Veux-tu voir ta femme heureuse,

Pan, pan, pan, pan, pan,
Use de cet instrument,
Pan, pan, pan, pan, pan,
Tu m'en feras compliment,
Pan, pan, pan, pan, pan.
Pour guérir la vapeur noire,
Pour rendre aux bell's leur gaîté,
Rien n'est sûr, l'on peut m'en croire,
Comm' cet objet non brév'té :
Il corrige la coquette,
Il apprend à filer doux.
Amoureux, tendres époux, (*Bis.*)
Je vous livre ma recette.
Pan, pan, etc.

CHARLEMAGNE.

Alcindor! tu me prends donc pour un... rien du tout... ou pour un pas grand' chose... Traiter ma petite femme comme un... *bestiau*! Allons donc! quelle infamie! Ne me parle plus de ça...

ALCINDOR.

Voilà cependant comme j'ai formé ma petite Arsène. (*Il fait siffler sa cravache.*)

CHARLEMAGNE.

Bah!

ALCINDOR.

Est-ce qu'elle ne m'aime pas?

CHARLEMAGNE.

Oh! si!...

ALCINDOR.

Est-ce qu'elle n'est pas gentille et toujours de bonne humeur?...

CHARLEMAGNE.

Oh! si!

ALCINDOR.

Est-ce que tu ne voudrais pas que madame Charlemagne lui ressemblât?

CHARLEMAGNE.

Oh! si!

ALCINDOR.

Eh bien! ton bonheur est dans tes mains.....

CHARLEMAGNE, *après avoir regardé dans ses mains.*

Je demande à réfléchir.

ALCINDOR.

Tâche. (*Charlemagne va s'asseoir et médite. — Entre un domestique qui remet une lettre à Alcindor.*) Une lettre pour moi? Papier musqué!... Un cachet de cire et des armoiries... De quelle part ? (*Le domestique place un doigt sur sa bouche.*) C'est votre maître... qui... (*Même jeu du domestique.*) Votre maîtresse... (*Même jeu du domestique, qui salue et sort.*) C'est donc un muet... ce garçon-là (*flairant la lettre...*), ça sent le sérail... (*Ouvrant vivement la lettre.*) Ciel! de la princesse... Romina Grobiski.., qui sollicite de moi un rendez-vous... particulier...

CHARLEMAGNE, *vivement.*

Une princesse! un rendez-vous!

ALCINDOR, *à lui-même.*

Cette conversation d'hier, c'était donc sérieux?

CHARLEMAGNE.

Gredin, va! ce que c'est que d'exhiber ses muscles... (*Il donne de petits coups de poing à Alcindor.*)

ALCINDOR.

Oh! tu me fais mal.

CHARLEMAGNE.

Je ne t'ai pas touché!... Et tu iras à ce rendez-vous?

ALCINDOR.

Parbleu!

CHARLEMAGNE.

Et Arsène?...

ALCINDOR.

Elle n'en saura rien.

CHARLEMAGNE.

Bah!

ALCINDOR.

C'est encore un résultat de mon petit système d'éducation.

CHARLEMAGNE.

Décidément, tu es plus fort que moi.

ALCINDOR, *à part.*

Ce n'est pas difficile. (*Haut.*) Je vole à mon rendez-vous... Motus sur ma confidence. — Quant à toi, mon élève, rappelle-toi cette base du code conjugal (*Il fait siffler sa cravache.*), zing... A mon retour, j'espère que tu me dresseras des statues. (*Charlemagne lui tend la main, il va pour lui donner la sienne, mais, il lui donne à toucher le manche de sa cravache.*) J'aime mieux ça!

AIR de la *Chaise brisée.* (De Musard.)

Houp! au galop, je vais joindre ma dame,
Je r'viens bientôt
Voir triompher notr' complot.
Toi, songe à not' programme.

CHARLEMAGNE.

Qui? moi? battre une femme?
C'est un moyen d' cheval.

ALCINDOR.

J' t'assur' que ça n' te f'ra pas d' mal.

ENSEMBLE. — REPRISE.

Houp ! au galop, etc.

CHARLEMAGNE.

Houp! au galop! va-t-en joindre ta dame,
Et r'viens bientôt.
Mais ton système est de trop.
(*Alcindor sort.*)

SCÈNE X.

CHARLEMAGNE, *puis* ROSE.

CHARLEMAGNE.

Les succès de ce pantin-là me confondent et m'empêchent de dormir. — Il parle de ses muscles! (*Montrant ses bras.*) Et ceux-là donc ! et ceux-là... Si je suivais son conseil à l'endroit de mon épouse. Non, — c'te pauvre petite femme, je la casserais rien qu'en soufflant dessus. J'ai peur de lui faire mal en l'embrassant trop fort; — et j'irais... Non... non... je me regarderais comme le dernier des derniers. (*Apercevant Rose qui entre.*) La voilà! Oh! je n'aurais jamais le courage...

ROSE, *à part.*

Mon mari... Il est seul... Essayons tout de suite de le mettre en colère.

CHARLEMAGNE.

Bonjour, bichette. (*Il l'embrasse à plusieurs reprises.*) Hum! que c'est bon!

ROSE, *se dégageant.*

Laissez-moi donc, monsieur Charlemagne, vous voyez bien que vous me chiffonnez.

CHARLEMAGNE.

Tu es si jolie avec tes habits des dimanches. (*Il veut l'embrasser encore.*)

ROSE, *le repoussant.*

Laissez-moi donc! que vous êtes commun!

CHARLEMAGNE.

Ah! tu n'es pas gentille ce matin. Est-ce que tu as tes *nerfes?*

ROSE.

Je suis très-agacée.

CHARLEMAGNE, *à part.*

Elle est dans la vapeur. (*Haut.*) D'où viens-tu comme ça, ma petite chatte?

ROSE.

D'abord, je ne veux pas que vous me donniez des noms de bêtes. C'est humiliant.

* Charlemagne, Rose.

CHARLEMAGNE.

Ah !

ROSE.

Il me semble que vous pourriez bien m'appeler de votre nom, je l'ai payé assez cher.

CHARLEMAGNE.

Ah !

ROSE, *à part.*

Rien ne lui fait.

CHARLEMAGNE.

D'où viens-tu comme ça, madame Charlemagne? Tu vois, j'ai dit : madame Charlemagne.

ROSE.

Je n'ai pas de comptes à vous rendre.

CHARLEMAGNE, *fronçant le sourcil.*

Hein !

ROSE, *à part.*

Je crois que j'ai touché la bonne corde. (*Haut.*) Est-ce que je suis une pensionnaire de douze ans.

CHARLEMAGNE.

Mais il me semble...

ROSE.

Dois-je garder note de toutes mes courses.

CAARLEMAGNE.

Mais...

ROSE.

Rue par rue... maison par maison.

CHARLEMAGNE, *à part.*

Qu'est-ce que c'est que ce petit ton-là? (*Un peu plus brusquement.*) Voyons... répondez vite et net, d'où venez-vous?

ROSE.

Vous tenez à le savoir?

CHARLEMAGNE.

Oui, absolument, et tout de suite.

ROSE.

De chez ma tante Balandard.

CHARLEMAGNE, *frappant du pied.*

Sapristi ! mais je vous avais défendu...

ROSE.

C'est pour ça que j'y suis allée.

CHARLEMAGNE.

Madame Charlemagne !

ROSE.

Elle m'a invitée à dîner et j'ai accepté.

CHARLEMAGNE.

Sans ma permission.

ROSE.

Désormais je prétends m'en passer.

CHARLEMAGNE.

Fichtre! fichtre! c'est de la révolte ouverte!

ROSE.

A deux battants.

CHARLEMAGNE, *cassant un bâton de chaise.*

Prenez garde! si je n'étais pas si fort!

ROSE, *à part.*

Bravo! il s'en prend aux chaises comme Alcindor. (*Haut.*) D'ailleurs, mon cousin Gustave Raquet m'a dit que j'avais tort de me laisser mener comme une brebis.

CHARLEMAGNE, *de plus en plus furieux.*

Ton gringalet de cousin! oh! tu l'as vu! tu lui as parlé! jour de Dieu!!! (*Il sépare la chaise en deux morceaux.*)

ROSE, *à part.*

Il faut le calmer, à présent!

CHARLEMAGNE.

Mille millions de taureaux! ah! nous avez vu M. Raquet.

ROSE, *effrayée.*

Chez ma tante.

CHARLEMAGNE.

Ah! vous avez parlé à M. Raquet.

ROSE.

Chez ma tante! (*A part.*) C'est qu'il ne se calme pas du tout.

CHARLEMAGNE.

Mon épouse! à présent que j'ai cassé quelque chose, savez-vous ce que j'éprouve?

ROSE.

Non.

CHARLEMAGNE.

Le besoin de casser quelqu'un.

ROSE, *à part.*

Mon Dieu! il me fait peur, et Arsène qui ne revient pas.

CHARLEMAGNE.

Rose!

ROSE, *reculant.*

Il ne se met pas à genoux du tout, et il ne m'offre rien.

CHARLEMAGNE, *tremblant de colère.*

Si j'étais ici chez moi... j'aurais déjà mis tout en miettes... (*Donnant un coup de pied aux débris de la chaise.*) Mais je respecte la propriété d'autrui... Vous allez me conduire chez votre tante Balandard. J'y retrouverai votre cousin Raquet... Je le soignerai, votre cousin Raquet. Je vais le détailler, votre cousin Raquet; qu'il se dépêche de se numéroter s'il veut retrouver ses morceaux.

ROSE.

Charlemagne!

CHARLEMAGNE.

Il ne me manque plus qu'un accessoire. Ah! le voilà.

ROSE.

Un manche à balai!

CHARLEMAGNE.

Oui, pour votre cousin Raquet. (*Il s'empare d'un balai qu'il démanche d'un coup de pied et fait un moulinet au-dessus de sa tête.)*

ROSE, *se sauvant à gauche.*

Mais ce n'est pas ça! mais ce n'est pas ça! Au secours! au secours! (*Elle sort précipitamment par la droite. Charlemagne, en la poursuivant, frappe par mégarde Fichot qui entre par le fond.)*

SCÈNE XI.

FICHOT, LES RECORS. *Un peu après,* ARSÈNE. *Pendant le chœur, les recors enlèvent les meubles.*

FICHOT, *se frottant les jambes.*

Oh! je suis à l'abattoir (*Aux recors*). Entrez, Messieurs!...

CHOEUR.

AIR : *Ronde du Château-Rouge.* (La belle Cauchoise.)

LES RECORS.

Allons, ces meubles sont à vous,
Pour vous nous les saisirons tous;
Donc, sans retard, instrumentons,
Saisissons,
Et puis emportons
Tout ce que nous pourrons.

ARSÈNE, *entrant par la droite.* *

Que signifie ce vacarme?

FICHOT.

Cela signifie, Mademoiselle, qu'on ne jette pas impunément un propriétaire à l'eau.... et par ses propres fenêtres encore!

ARSÈNE.

Comment? vous vous fâchez pour si peu!

FICHOT.

Si peu... six pieds d'eau! je trouve que c'est beaucoup trop. (*Aux recors.*) Allez, Messieurs... allez...

CHOEUR. — REPRISE

Allons, ces meubles, etc.

(*Ils emportent les meubles.*)

ARSÈNE.

Tiens! vous saisissez mon mobilier!

FICHOT, *à part.*

Elle va gémir!

ARSÈNE, *riant aux éclats.*

Quel bonheur!

* Fichot, Arsène.

FICHOT.

Hein ?

ARSÈNE.

J'avais justement l'idée de m'en défaire... Oui, depuis quelques jours, je fais des rêves d'acajou.

FICHOT, *insinuant.*

J'ai de ce bois, j'en ai beaucoup. Si vous vouliez être ma femme, vous mangeriez, vous dormiriez, vous marcheriez sur l'acajou; votre jongleur d'Alcindor ne vous donnera jamais que du bois blanc. (*Ici, Alcindor entre par le fond.*) Dites un mot, Arsène, et je romps immédiatement avec Augustine, une autre de mes locataires qui est à la veille de me céder. .

SCÈNE XII.

LES MÊMES, ALCINDOR. *

ALCINDOR, *qui est arrivé à pas de loup.* (*R ant.*)

Ne vous dérangez pas.

FICHOT, *faisant mine d'ôter son habit.*

L'acrobate ! Je sais ce qui m'attend.

ALCINDOR, *à Arsène.*

Laissez-nous seuls.

FICHOT.

Homme de cheval ! si ça vous est indifférent, je désire prendre la même fenêtre.

ALCINDOR.

Arsène, rentrez dans votre établissement.

ARSÈNE, *bas.*

Alcindor, ménagez-le, ce pauvre homme. (*A Fichot.*) Je vas vous faire chauffer du linge.

SCÈNE XIII.

FICHOT, ALCINDOR. * *

ALCINDOR, *haut.*

A présent, papa Fichot, causons.

FICHOT, *en position de nageur.*

Attendez que je prenne ma respiration.

ALCINDOR.

Il ne s'agit pas de cela.

FICHOT, *à part.*

Pas de ça ! Qu'est-ce qu'il va donc faire de moi ?

ALCINDOR.

Pas de phrases !... Si je suis revenu ici, ce n'est pas pour Arsène... c'est pour vous.... Vous aimez Arsène ?

* Fichot, Arsène, Alcindor.
** Fichot, Alcindor.

FICHOT.

Moi ? Par exemple !

ALCINDOR.

Hein ! C'est que si vous ne l'aimiez pas. (*Il montre sa cravache.*)

FICHOT.

Je l'aime ! je l'aime !

ALCINDOR.

A la bonne heure... et votre intention est d'épouser cette jeune ingénue ?

FICHOT.

Du tout... (*A part.*) Il m'écharperait.

ALCINDOR.

Saperlotte!

FICHOT.

Hein ?

ALCINDOR.

Je voudrais bien voir que vous ne l'épousassiez pas... vous avez des torts à réparer.

FICHOT.

Moi.

ALCINDOR, *à part.*

Le fait est que j'ai eu des torts... il faut qu'il les répare !

FICHOT, *à part.*

Si j'y comprends un mot !

ALCINDOR, *très-haut.*

Fichot.

FICHOT, *tressaillant.*

Hein.

ALCINDOR, *doucement.*

Ecoutez-moi, Fichot *, connaissez-vous la princesse Romina Grobiski?

FICHOT.

Non.

ALCINDOR.

Ça ne m'étonne pas, vous n'êtes pas dans le cheval, vous ! Cette grande dame étrangère éprouvait le besoin de prendre des leçons de voltige ; elle jeta les yeux sur mon faible être pour lui en inculquer les premiers éléments, et en 30 leçons je l'initiai à tous les secrets de la haute école. Il est juste d'ajouter qu'elle avait de violentes dispositions pour tous les exercices du corps en général et pour la voltige en particulier. Hier, dans le cirque, nous étions seuls, debout sur deux chevaux sans selles ! nous figurions Flore et Zéphyre, elle comme ceci, et moi comme cela. (*Il se pose, et pendant ce qui suit, il imite les mouvements qu'il indique, Fichot de même.*) Elle me dit, le pied gauche levé et le bras droit en guirlande, en

* Alcindor, Fichot.

me poignardant d'un coup d'œil assassin: Alcindor, vous êtes charmant!... le cheval allait au pas... hop!... hop!... Princesse, répondis-je, en enlaçant sa taille d'un bras frémissant! vous êtes divine! Le cheval allait au trot... hop! hop!... — Si vous n'étiez pas si léger.—Moi, princesse, en amour, je suis encore plus solide qu'en équitation. Le cheval allait au grand trot!... hop!... hop!...—Si j'osais.—Osez!—Vous me tromperez, volage! — Jamais! altesse, jamais! Le cheval allait au galop!... hop! hop! Ses yeux ne quittaient plus les miens... hop! hop!... Sa tête était penchée sur mon épaule... hop! hop!... Un mouvement de son cheval nous rapprocha encore et mes lèvres brûlèrent les siennes! (*Il le repousse.*)

FICHOT.

Oh! ne me dites pas de ces choses-là! ça me donne des inflammations.

ALCINDOR.

Aujourd'hui, elle m'a insinué un rendez-vous secret derrière les abattoirs. J'y suis allé, elle m'a annoncé qu'elle consentait à m'emmener avec elle à Saint-Pétersbourg et qu'elle me donnerait là son cœur...

FICHOT.

Et sa main?

ALCINDOR.

Non!... un hippodrome. Comprenez-vous, Fichot, directeur d'un hippodrome, moi! Fichot! Le rêve de ma vie va s'accomplir. Je pars; dans peu, je serai millionnaire, eh houp! papa. (*Il lui tape sur le ventre.*) Je compte sur vous pour m'avancer quatre-vingts francs pour payer ma place aux messageries nationales.

FICHOT.

Mais, permettez.

ALCINDOR.

Vous me donnez cent francs?... ça me suffit, je ne veux pas abuser. Par reconnaissance je vous laisse le champ libre auprès d'Arsène.

FICHOT.

Vrai!

ALCINDOR.

Mais vous la rendrez heureuse.

FICHOT.

Je le jure.

ALCINDOR.

Merci! (*Il lui serre la main.*) Commencez par lui envoyer incontinent l'acajou qui doit effacer vos torts.

FICHOT.

Je cours dévaliser le faubourg Saint-Antoine. (*Fausse sortie.*)

* Fichot, Alcindor.

ALCINDOR, *le rappelant.*

Fichot! j'oubliais de vous bénir.

FICHOT.

Vous me rendez le plus heureux des hommes.

ALCINDOR.

Courez! volez! dussiez-vous en devenir fourbu, oh! houp! (*Il fait siffler sa cravache, Fichot saute. Alcindor le suit. Toujours même jeu, jusqu'à la porte de droite.*) Quel joli petit Auriol! (*Ils sortent à droite. Rose entre par le fond pendant la sortie de Fichot et d'Alcindor.*)

SCÈNE XIV.

ROSE, *puis* ARSÈNE.

ROSE, *pleurant.*

AIR de la *Mère au bal.*

Ah! ah! ah! ah!
Il m'a battue!
Tous les maris sont de vrais gueux!
Ah! ah! ah! ah!
Je suis moulue!
Quel moyen dangereux!
Ah! ah! ah! ah!
Quel sort affreux!
Ah! ah! ah! ah:
Qu' c'est douloureux!

ARSÈNE, *entrant.*

Qu'as-tu donc à gémir comme une romance?

ROSE.

Oh! le monstre!... Si tu savais comme il m'a traitée!

ARSÈNE, *riant.*

Ah! ah! ah! tu as goûté de la... (*Elle imite le geste d'Alcindor quand il fait siffler sa cravache.*)

ROSE.

Non, pas de la... mais du manche à balai.

ARSÈNE, *reculant.*

Hein?

ROSE.

Et quel balai, ma chère!

ARSÈNE.

Ce n'était pas dans le programme... N'importe, tu vas être bien heureuse!

ROSE.

Heureuse!...

ARSÈNE.

Pour réparer sa faute, ton mari va te combler de galanteries.

* Arsène, Rose.

ROSE.

Pour réparer sa faute, il me refuse une robe de mousseline qu'il me promettait depuis un an.

ARSÈNE.

Pas possible!

ROSE.

Il dit que je l'ai fait sortir de son caractère, et qu'il n'y rentrera plus!... Voilà le résultat de mon épreuve.

ARSÈNE.

Je n'y comprends plus rien!... Ah! ça, est-ce que mon système ne réussirait pas à tout le monde?

SCÈNE XV.

LES MÊMES, COMMISSIONNAIRES *apportant des meubles, puis* FICHOT.

CHOEUR.

AIR de Rossini.

Nous apportons, Mademoiselle,
Votre mobilier d'acajou,
De beaux fauteuils, nouveau modèle,
Un guéridon, un vrai bijou.

(*Les commissionnaires mettent les meubles en place et sortent.*)

ROSE.

C'est une surprise d'Alcindor.

FICHOT, *entrant.* *

Non, mon infante! la surprise est signée Fichot. Votre paillasse voyage en ce moment sur la route de Saint-Pétersbourg, avec une princesse croate qui s'appelle *Robinet-Gros-Biscuit.*

ARSÈNE.

Une rivale! Ah! soutenez-moi. (*Elle tombe dans les bras de Fichot.*)

FICHOT.

Elle s'évanouit.

ARSÈNE, *se laissant tomber sur une chaise.*

Alcindor! mon Alcindor!

FICHOT, *près d'elle avec son flacon.*

Rassurez-vous! vous ne le verrez plus.

SCÈNE XVI.

LES MÊMES, ALCINDOR, *entrant, son chapeau sur les yeux, dans l'attitude de la méditation, et se parlant à lui-même.* **

ALCINDOR, *à part, et sans voir les autres personnages.*

Je suis volé!... Décampée avec un Polonais!.. un faux Po-

* Arsène, Fichot, Rose.
** Rose, Arsène, Fichot, Alcindor.

lonais!... La princesse Romina Grobiski n'était qu'une saltimbanque! (*Il fait siffler sa cravache.*)

ARSÈNE, *revenant à elle.*

C'est sa voix!... (*Volant dans ses bras.*) C'est toi! * c'est bien toi!... Qu'est-ce qu'il disait donc... que tu étais parti avec une princesse?

ALCINDOR.

C'est une calomnie... et la preuve, c'est que me voilà.

ARSÈNE.

C'est clair.

ALCINDOR.

Comme le jour.

FICHOT.

Cependant...

ALCINDOR.

Fichot! vous mentez! **

ARSÈNE.

J'en étais sûre.

FICHOT.

Mais...

ALCINDOR, *bas à Fichot.*

Taisez-vous, ou je vous mets en salade. (*Haut.*) Arsène, je vous avais soumise à une épreuve, vous en êtes sortie grande comme les Pyramides! Arsène, je ne vous induirai pas en Fichot. Arsène, je vous épouse! ***

FICHOT.

Et moi?

ALCINDOR.

Vous! vous allez sortir... de chez vous.

FICHOT.

Et mes meubles?

ALCINDOR.

Nous les acceptons.

FICHOT.

Merci!

ALCINDOR.

Mais nous vous les paierons... intégralement... à raison de cinquante centimes par semaine, pendant trois mois. (*Charlemagne entre un paquet sous le bras, il s'approche doucement de Rose.*)

* Rose, Fichot, Arsène, Alcindor.

** Rose, Fichot, Alcindor, Arsène.

*** Fichot, Alcindor, Arsène, Rose.

FICHOT.

Mais ça ne fait que six francs.

ALCINDOR.

Je ne compte pas avec mes ennemis.

SCÈNE XVII.

LES MÊMES, CHARLEMAGNE. *

ROSE, *effrayée en apercevant son mari.*

Ah! mon mari!...

CHARLEMAGNE, *à genoux d'un air confus.*

Oui! c'est moi, c'est ton petit n'homme, qui te cherchait pour te donner...

ROSE, *reculant épouvantée.*

Quoi donc, Monsieur?

CHARLEMAGNE.

Une preuve de son repentir... Au lieu d'une robe que je t'avais promise, je t'en ai acheté deux! *(Il lui donne son paquet.)*

ROSE.

Deux! *(Fichot remonte.)*

ARSÈNE, *à part.*

Hein?... décidément mon système est excellent!

CHARLEMAGNE. **

En satin... rose, comme toi!

ROSE.

Oh! que tu es gentil!... *(Elle l'embrasse.)*

ARSÈNE, *à Alcindor.*

Du satin!

ALCINDOR.

Pouah! je te couvrirai de velours de soie... *(A part.)* et coton.

ARSÈNE.

Tu es un ange. *(Elle l'embrasse.)*

ROSE, *embrassant Charlemagne.*

Ah! mon bon petit mari!...

FICHOT, *à part, regardant Alcindor et Charlemagne.*

Sont-ils cajolés!

ROSE.

Vois donc, Arsène, vois donc les belles robes!... *(Arsène se rapproche d'elle.)*

* Fichot, Alcindor, Arsène, Rose, Charlemagne.

** Alcindor, Arsène, Fichot, *deuxième plan,* Rose, Charlemagne.

FICHOT, *appelant d'un signe Alcindor et Charlemagne.**

Comment vous y prenez-vous pour vous faire adorer comme ça de vos femmes?

ALCINDOR.

Fichot! donnez-moi une quittance générale et définitive et je vous livre notre secret.

FICHOT.

J'accepte.

ALCINDOR, *lui montrant sa cravache.*

Voilà.

FICHOT.

Une cravache?...

CHARLEMAGNE, *lui montrant un manche à balai cassé en deux qu'il a tiré de dessous sa veste.*

Voilà! *(Il lui donne les morceaux.)*

FICHOT.

Unmanche à balai?...

ALCINDOR.

Chut!

CHARLEMAGNE.

Chut!

FICHOT.

Ah! c'est là votre moyen! je vais l'essayer sur Augustine. *(Il prend la cravache et passe à gauche.)*

ARSÈNE, *avec inquiétude.*

Mon ami! tu lui donnes ta cravache? **

ALCINDOR.

Rassure-toi, ma bonne, j'en ai d'autres.

CHOEUR FINAL.

AIR de M. Hervé.

Eh houp! eh houp! vit', qu'on nous / les marie!
Eh houp! eh houp! nous irons au bal!
Eh houp! eh houp! que chacun envie!
Eh houp! eh houp! not' / leur sort idéal!

ALCINDOR, *au public.*

AIR de *Téniers.*

On vous a dit, Messieurs, toutes mes gloires;
J' triomphe au cirque, aussi bien que César!

* Alcindor, Fichot, Charlemagne, Arsène, Rose.
** Fichot, Alcindor, Arsène, Charlemagne, Rose.

Si j'avais là mes cinq grands accessoires,
Tout d' suit' je f'rais, pour vous, mon grand écart!
Tous les honneurs que, c' soir, j'ambitionne,
Par vous, j'espèr', me seront décernés !
Pourrait-on bien me r'fuser un' couronne
Quand mes chevaux eux-mêm's sont couronnés!
Oui! tous mes ch'vaux ont été couronnés !

CHOEUR. — REPRISE.

Eh houp! etc.

FIN.

Poissy. —Typographie ARBIEU.

www.ingramcontent.com/pod-product-compliance
Ingram Content Group UK Ltd.
Pitfield, Milton Keynes, MK11 3LW, UK
UKHW020216180726
13838UKWH00005B/2033